Das Märchen und die Bilderwelt des Kindes

Ursula Burkhard

Herausgeber: Werkgemeinschaft Kunst und Heilpädagogik Weißenseifen
D-5541 Weißenseifen-Michaelshag, Tel. (0 65 94) 4 14
ISBN 3-925193-17-0, 1. Auflage 1988

Umschlag: Günther Mancke, D-5541 Weißenseifen-Michaelshag

Satz: Fotosatz Klaus Götten, D-5000 Köln

Druck und Einband: kraft-druck GmbH, D-7505 Ettlingen

Vorwort

Märchendeutung ist Mode geworden. Über den tieferen Sinn der Symbole äußern sich Autoren von den verschiedensten Gesichtspunkten und Standpunkten her. Wir wollen das Angebot nicht vergrößern. Wer sich für Märchendeutung und Märchenforschung interessiert, kann viel Anregendes finden und sich mit den verschiedensten Meinungen und Ansichten auseinandersetzen.

In diesem Büchlein soll nur ganz einfach wiedergegeben werden, was Eltern und Erzieherinnen in meinen Kursen über Märchen fragten, wie wir gemeinsam in Gesprächen nach Antworten suchten und unsere Erfahrungen austauschten. Es ging uns dabei um Kind und Märchen: Was sollen wir zuerst erzählen und wie erzählen wir? Wichtig ist ja, daß der Erwachsene selber eine Beziehung bekommt zu den Geschichten, die er für Kinder auswählt und mit ihnen zusammen erlebt. Nur so kann er anschaulich und kindernah erzählen und befriedigende Antworten finden auf die Fragen seiner Zuhörer.

Daß von Angst und Vertrauen so häufig die Rede ist, hat nicht nur mit Kinderängsten zu tun. Auch der Erwachsene fühlt sich in unserer Zeit durch vieles verunsichert. Wer sich selber nicht geborgen fühlt, kann auch Kindern nicht die nötige Geborgenheit geben. Das mag wohl mit ein Grund sein für Kinderängste und Schlafstörungen, die vielen Eltern Sorgen bereiten. Zudem werden unsere Kinder wie wir selber überflutet von Informationen und Eindrücken, eine «Realität» wird an sie herangebracht, die sie noch nicht verarbeiten können. Innere Bilder und äußeres Geschehen vermischen sich oft zu angsterregenden Vorstellungen.

Schwierigkeiten kennt aber nicht allein unsere Zeit. Auch früher wurden die Menschen immer wieder vor Probleme und Aufgaben gestellt, die unlösbar schienen und sie verunsicherten. Jedes Zeitalter, aber auch jedes Lebensalter des einzelnen Menschen, hat seine eigenen, ganz bestimmten Schwierigkeiten. Das Märchen ist voll von Weisheiten aus längst vergangenen Tagen, es vermittelt Einsichten, die den Menschen früher bei der Bewältigung ihrer Ängste und Nöte halfen. Auch wir können in diesen alten, bildhaften Geschichten Hinweise und Ratschläge finden. Märchen mit dem wertvollen Schatz von Menschenerfahrungen sind eine Lebenshilfe für groß und klein. Das Büchlein wendet sich an alle, die ihre persönliche Beziehung zu Märchen vertiefen und aus alten Weisheiten Mut und Kraft schöpfen wollen. Es versucht auch zu zeigen, wie wir schon mit kleineren Kindern aufbauende Gespräche führen können, wenn wir uns in ihr bildhaftes Denken einleben und ihre Fragen erzählend beantworten, aber auch ihre eigenen Antworten entgegennehmen und uns von ihnen belehren lassen, wenn sie so oft weiser sind als wir.

Ursula Burkhard
Ostern 1988

Angst und Vertrauen

Kurz vor Beginn eines Elternkurses über Märchen, den ich zu leiten hatte, führte mein elfjähriger Neffe folgendes Gespräch mit mir: «Tante Ursula, kommst du zu uns zum Nachtessen?» – «Geht leider nicht, ich habe einen Elternabend über Märchen.» – «Warum das? Die Eltern können Märchen doch selber lesen.» – «Schon, aber wir sprechen darüber, wie man sie Kindern erzählt, ohne daß sie sich fürchten vor Hexen oder Wölfen.» – «Ach ihr!» Mein Neffe lachte fröhlich. «Am Ende wird es doch wieder gut, Hexen und Wölfe sterben immer, das weiß man doch!»

An dieser Behauptung stimmt etwas: In den meisten Märchen unterliegen die Bösen, und das Gute siegt. Aber «man weiß» das doch nicht immer so sicher. Gerade zu diesem Elternabend kamen Mütter und Väter mit Fragen über Kinderängste, die, wie sie glaubten, durch das Erzählen von Märchen entstanden.

Angst kann ausgelöst werden durch unsere Art, mit Märchen umzugehen. Wenn wir selber zu wenig Vertrauen haben, fehlt uns die Kraft, auf das gute Ende hin zu erzählen. Manchmal sind wir auch ungeschickt in der Auswahl der ersten Geschichten. Ein sicherer Erzählweg von richtig gewählten Märchen kann aus Ängsten, die in jedem Kind leben, zum Vertrauen führen. Vertrauen kann ja nur, wer seine Ängste durchlebt und verwandelt hat.

Oft ist es schwierig, in einem großen Märchenbuch zu finden, was für kleine Zuhörer richtig ist. Viele Märchen sind Geschichten für Erwachsene, man hat sie in Spinnstuben und Männerversammlungen erzählt und erst später für Kinder bearbeitet. Man kann sie den Kleinen nicht einfach vorlegen wie Bilderbuchtexte, die für sie geschrieben werden und dem Erzähler seine Aufgabe erleichtern. Märchen unterhalten und informieren nicht bloß wie viele Kinderbücher, sie stellen den Erzählern und Kindern Aufgaben. Die Schätze, die da verborgen sind, erhalten wir nicht ohne Anstrengung.

Aber nach welchen Gesichtspunkten sollen wir wählen für kleine Zuhörer? Aufschluß gibt uns am ehesten das Verhalten der Kinder. Freudig erforschen sie die Umwelt und entdecken immer wieder Neues. In ihrem Forscherdrang gleichen sie den Märchenhelden, die ja auch ausziehen, um die Welt kennenzulernen. Einen wichtigen Unterschied sollten wir jedoch nicht übersehen: Der Märchenheld wandert weit, oft bis ans Ende der Welt, und auf seiner Reise denkt er nicht an den Heimweg. Das kleine Kind aber muß seine Entdeckungsausflüge jederzeit abbrechen und zu seinen Eltern oder Betreuern zurückkehren können. Nur wenn es sicher weiß, wo die Erwachsenen gleich wieder anzutreffen sind, hat es Lust, sich für eine Weile von ihnen zu entfernen und selber etwas zu unternehmen. Mutter oder Vater im Schwimmbad oder Selbstbedienungsladen aus den Augen verlieren, kann erlebt werden wie eine Katastrophe. Deutlich sagt das verzweifelte Schluchzen: «Sie kommen nie mehr, nie, nie mehr wieder!»

Kleinere Kinder leiden an Trennungsängsten. Darum ist es hilfreich, ihnen erzählend und spielend immer wieder zu zeigen, daß man sich für kurze Zeit trennen und dann wieder treffen kann, daß man sich verliert und wiederfindet. Solche bildhaft gegebenen Einsichten erleichtern einem Kind den Abschied von seiner Mutter, die manchmal stundenweise ihrem Beruf nachgehen muß oder möchte. Denn es weiß aus Geschichten, die man ihm erzählt hat: auf den Abschied folgt das Wiedersehen.

Kinderängste, von denen ich in Gesprächen mit Eltern erfahren habe, wurden oft ausgelöst durch Erzählungen, die nur ein größeres Kind mit bereits gestärktem Vertrauen ertragen könnte. Ein Zweijähriges wurde erschreckt durch den Film von «Bambi», dessen Mutter im Wald von Jägern erschossen wird. Ein anderes Kind weinte jeden Abend vor dem Einschlafen, weil der Rattenfänger von Hameln so viele Kinder für immer von ihren Eltern weggelockt hat. Die Endgültigkeit dieser Trennung ist für kleinere Kinder nicht auszuhalten. Es genügt nicht, daß eine Erzählung phantasievoll und bildhaft ist. Die Bilder müssen so sein, daß sie den Kinderseelen geeignete innere Nahrung geben. Wir füttern ja Säuglinge auch nicht mit Speck und Sauerkraut.

Gleichnisse vermitteln Wahrheiten und Weisheiten so einfach und bildhaft wie Märchen. Innere Nahrung für ein kleineres Kind kann das biblische Gleichnis vom verlorenen Schaf sein.

Den tieferen Sinn der Geschichte wird es verstandesmäßig nicht erfassen, aber die einfache Handlung kommt seinem eigenen Erleben nahe und wirkt vertrauensbildend. Es hat keinen Sinn, dem Kind das Gleichnis deuten zu wollen, die Geschichte wirkt durch sich selber. Eine Großmutter, die ihrem Enkel klarmachen wollte, wir seien die Schafe Gottes, bekam die Antwort: «Aber das ist nicht wahr! Wir haben nur zwei Beine, die Schafe haben vier.»

Wenn wir uns in das Gleichnis einmal so vertiefen, wie es, ohne intellektuell verstanden zu werden, ein Kind innerlich empfinden könnte, formt es sich zu einer Geschichte, die wir dann wie im Gespräch in ganz einfachen Worten erzählen können. Uns selber stellt sich das Gleichnis etwa so dar: Ein kleines Schaf läuft von der großen Herde weg. Es wird nicht fortgeschickt, es ist ungehorsam und tut, was ihm Spaß macht. Aber der Spaß ist von kurzer Dauer. Das Schaf möchte zurück zu den anderen, doch es findet sie nicht mehr. Es fühlt sich verlassen, es blökt verzweifelt, genau wie ein Kind schreit, das die Eltern aus den Augen verloren hat. Das Kind erlebt sich selber in der

Angst des Schafes. Und nun kommt die helfende Gestalt: der gute Hirt, die beschützende Vaterfigur. Er weiß, daß eines der hundert Schafe fehlt und sucht es. Die anderen kann er für kurze Zeit verlassen, sie warten auf ihn. Und allein sind sie nicht, sie sehen, hören und spüren einander. Also geht er und sucht und sucht, bis er das verlorene Schaf findet. Seine Hoffnung ist größer als Angst und Verzweiflung des Schafes. Es ist schön, sich in der Angst des Schafes zu erleben, in seiner Schwäche und Kleinheit, und doch so wichtig zu sein, daß man gesucht und dann gefunden wird. Der Hirt tröstet und beruhigt das Schaf, er trägt es nach Hause, zurück zu den anderen. Es wird nicht bestraft, bekommt keine Schläge wie manches Kind, das einen Denkzettel haben soll, damit es nicht noch einmal wegläuft. Der gute Hirte muß sich eben nicht wie wir scheltend oder gar schlagend von eigenen Ängsten und Aufregungen befreien.

Nach der durchgestandenen Angst erlebt das Schaf, und mit ihm das zuhörende Kind, Geborgenheit. Es vertraut dem Hirten.

Das Gleichnis enthält Elemente, die dem Denken des Kindes entsprechen. Ein Kind denkt, fühlt und erlebt stark in Gegensätzen. In Rhythmikstunden mit kleineren Kindern machen wir «ganz lange» oder «ganz kurze» Schritte, wir gehen schnell oder langsam, klatschen laut oder leise, hören hohe oder tiefe Töne. Feine Übergänge sind noch zu schwer, erst muß einmal erlebt werden, was laut oder leise, schnell oder langsam bedeutet. Gegensätze gibt es auch in dem Gleichnis: Die Herde ist gehorsam, ein Schaf aber ist ungehorsam. Alle bleiben auf der Weide, eines geht weg. Unterwegs freut es sich, dann wird es traurig. Es ist allein, die anderen bilden eine Gemeinschaft. Es hat sich verirrt, weiß nicht, wo es ist, die anderen sind geborgen. Es ist aus dem Glück ins Unglück gerannt. Selber kann es sich nicht helfen. Da muß schon jemand kommen, der mehr vermag. Es kommt jemand, und darum ist das Schwere in der Geschichte nichts Endgültiges, darum können wir auf das gute Ende hin erzählen. Der Hirt, ein Vertreter aus der Menschenwelt, greift ordnend und helfend ein in die Welt der Tiere. Das Schaf war verloren, es wird gefunden. Es erlebte Angst und Verzweiflung; jetzt merkt es, was Geborgenheit und Vertrauen ihm bedeuten. Vor dem Erlebnis der Angst ist ihm das nicht bewußt geworden. Durch das Erleben von Gegensätzen erwachen wir zum Bewußtsein. Solche Überlegungen führen den Erzähler zum Wesentlichen der Geschichte, die er für Kinder erlebbar werden lassen will. Das Kind lauscht, ohne durch Erklärungen und Überlegungen verwirrt zu werden. Was der Erwachsene sich erarbeitet hat, lebt nur in ihm selber, und so findet er die Worte, um die Handlung farbig zu schildern. Das Kind erlebt einfach mit oder in dem Schaf Angst und Verzweiflung, und es läßt sich mit ihm oder in ihm in die Geborgenheit tragen. Es spürt, was Vertrauen ist. Und sein eigenes Vertrauen wächst, wenn es in anderen Geschichten immer wieder Ähnliches hören und nachempfinden darf. Dazu bieten uns Märchen mannigfaltige Möglichkeiten. Freilich dürfen wir kleineren Zuhörern noch keine Wanderung bis ans Ende der Welt zumuten. Sie werden nur frei von Trennungsängsten, wenn die ersten Märchen da enden, wo sie begonnen haben. An zwei Beispielen aus der Sammlung der Brüder Grimm soll gezeigt werden, mit welchen Märchen wir das Erzählen beginnen könnten.

Der süße Brei

Ein kleines Mädchen, das mit seiner Mutter allein lebt, geht hinaus in den Wald, denn Mutter und Kind haben nichts mehr zu essen. Es trifft dort eine alte Frau, die weiß von seiner Not und schenkt ihm ein wunderbares Pfännlein. Das versteht die Sprache der Menschen. Es kocht süßen Brei, wenn jemand bittet: «Pfännlein, koch!» Und es hört auf zu kochen bei den Worten: «Pfännlein, steh!» Es ernährt Mutter und Kind, sie haben nun jeden Tag genug zu essen.

In einem Märchenkurs für Eltern meinte ein Vater, das kleine Mädchen habe im Wald eine unverdiente Gabe erhalten, in anderen Märchen müsse man sich doch alles erringen. Das Verhalten der alten Frau zeigt aber gerade, wie mutig das Kind gewesen ist. Ohne Mutter in den dunklen Wald gehen und Hilfe suchen, das kann wohl eine sehr tapfere Tat sein. Kinder, die schon etwas im dunklen Keller geholt haben und für die das wie eine Mutprobe war, ver-

---

Brüder Grimm: «Kinder- und Hausmärchen», Winkler-Verlag
Brüder Grimm: «Kinder- und Hausmärchen»; Wissenschaftliche Ausgabe mit Anmerkungen der Brüder Grimm; Reclam-Verlag

stehen gut, was in diesem Märchen geschildert wird.

Wie das verlorene Schaf im Gleichnis fühlt sich auch das kleine Mädchen im Märchen einsam an einem fremden Ort. Und wie der gute Hirte aus der Menschenwelt dem verlassenen Schaf väterlich hilft, so steht nun auch die alte Frau dem jungen Menschenkind bei. Sie kann gesehen werden als Wesen über den Menschen, wie der Hirt eine Stufe über den Tieren steht. Weil sie höher ist als gewöhnliche Menschen, vermag sie ein Wunderpfännlein zu verschenken. In Gleichnissen und in Märchen greifen immer wieder Wesen aus höheren Welten ins Leben ein, die Guten helfend und ordnend, die Bösen als Versucher und Unheilstifter. Die alte Frau in dieser Geschichte erinnert an Göttinnen (Erdmütter) alter Zeiten, die draußen im Wald verehrt wurden und den betenden Menschen Nahrung gaben. In den Feen lebt das hilfreich segnende, in den Hexen das richtend strafende und oft rächende Verhalten dieser Göttinnen fort. Gute Märchengestalten verkörpern ihre guten Eigenschaften, böse Wesen ihre schlechten Gewohnheiten. Die alten Göttinen wirkten wie wir Menschen Gutes und Böses.

Die Waldfrau in der Geschichte vom süßen Brei ist gut, und sie ist mächtig. Sie kann auch helfen, wenn die menschliche Mutter arm ist und nichts mehr zu geben hat. Vielleicht ahnt ein Kind, das dieses Märchen hört, daß auch der Erwachsene Hilfe aus einer anderen Welt nötig hat und bekommt. Und vielleicht lassen auch wir uns durch das Geschehen im Märchen sagen, daß wir unsere Kinder nur mit dieser Hilfe richtig ernähren und ins Leben hinein geleiten können.

Den helfenden Kräften sind Kinder oft näher als die Erwachsenen. Davon erzählen uns Märchen, wenn gerade durch das Verhalten der Kleinsten, Schwächsten, also der jüngsten Kinder, die Hilfe überhaupt erst möglich wird. Diese Jüngsten können wie Durchgangstore sein für die Kräfte aus höheren Welten.

In unserer Geschichte kocht sich die Mutter einmal einen Brei, das Mädchen ist ausgegangen. Das Pfännlein wird voll, und nun weiß sie nicht mehr, was sie sagen soll, damit es aufhört zu kochen. Sie findet das richtige Wort nicht. Das Pfännlein kocht und kocht. Es überflutet das Haus, die Straße und die benachbarten

Häuser. Der Überfluß wird zur Not. Da kommt das Mädchen heim und sagt: «Pfännlein, steh.» Und das richtige Wort hilft.

Ein Pfännlein, mit dem man sprechen kann, ist für kleinere Kinder nicht unnatürlich. In ihrer Phantasie beleben sie viele Gegenstände und halten mit ihnen Zwiesprache. Die Umwelt «sagt» ihnen etwas, das Leben spricht sie an. Eine Frau erinnerte sich daran, wie sie als Kind das «belebte» Geschirr behandelte. Sie half ihrer Mutter beim Geschirrspülen. Die sauberen Teller stellte sie im Schrank sorgfältig unter die anderen, die man an diesem Tag nicht gebraucht hatte. So durften nicht immer die gleichen auf dem Tisch stehen, alle kamen einmal an die Reihe und keiner war benachteiligt. Wer Kinder verstehen will, tut gut daran, solche Erinnerungen aus der eigenen Kindheit in sich zu beleben. Aus diesen Erinnerungen formen sich die schönsten Geschichten, die den Kindern die größte Freude bereiten. Ein Neffe bat mich oft: «Erzähl aus dir, nicht aus einem Buch.»

Wie im Märchen vom guten Hirten finden wir auch im Märchen vom süßen Brei Gegensätze:

Mutter und Kind sind arm und hungrig, sie werden reich und satt. Die Mutter ist zu Hause, das Kind geht fort. Die alte Weise trifft ein junges, unwissendes Kind. Aus Not wird Überfluß, der sich wieder in Not verwandeln kann. Was kann man doch alles finden in einem kurzen Kindermärchen.

Märchendeutung ist oft recht intellektuell. Als Erwachsene, die nicht ohne weiteres Zugang finden zu solchen Geschichten, hätten wir größeren Gewinn, wenn wir sie meditieren würden – d. h., wenn wir uns von dem Bild erfüllen und führen ließen. So kann uns ihre innere Wahrheit zum Erlebnis werden, und wir erzählen lebendig und überzeugt. Dann müssen die Kinder nicht fragen, ob diese Geschichten wahr seien. Ihr Zweifel am Märchenland hat seinen Ursprung oft in der Unsicherheit der Erzähler.

Daumesdick

Die Eltern von Daumesdick zweifeln nicht. Ihre eigene Sicherheit überträgt sich auf das bloß fingergroße Kind und wird zu Kraft und Ver-

trauen auf seinem Lebensweg. Viele Kinder sind groß und stark, leiden aber an Ängsten, weil niemand in ihrer Umgebung durch eigene Sicherheit Vertrauen erwecken kann. Daumesdick ist ein Wunschkind. Lange haben seine Eltern ihn herbeigesehnt und geseufzt, sie wollten zufrieden sein, wenn er auch nicht größer wäre als ein Daumen. Daumesdick ist und bleibt so groß wie ein Daumen, und seine Eltern sind und bleiben zufrieden. Sie nehmen ihn an, wie er ist und möchten ihn nicht anders haben. Der Vater freut sich, wenn er lärmend im Haus herumspielt, denn so ist das Leben lustiger. Zufriedene Menschen regen sich nicht auf über Kinderlärm. Daumesdick darf sich seinen Möglichkeiten entsprechend entwickeln. Er muß sich nicht freitrotzen aus dem Verhältnis von Eltern zu ihrem Kleinkind. Märchenerzähler und zuhörende Kinder kommen durch die Geschichte in die richtige Stimmung für eigene Gespräche. Daumesdick bietet dem Vater an, er wolle ihm Pferd und Wagen hinausbringen in den Wald. Zwar lacht der große Mann zuerst über diesen Vorschlag, weil sein winziger Sohn nicht einmal die Zügel halten kann. Aber dann fragt er, wie er das machen soll. Er *hört ihm zu und geht ein auf die Pläne des Kindes mit den Worten: «Einmal wollen wir's versuchen.» Die Mutter spannt an, Daumesdick weiß, daß er das nicht alleine kann und bittet um ihre Hilfe. Sie setzt ihn ins Ohr des Pferdes. Die Sache gelingt, weil Kind und Erwachsene zusammenarbeiten. Stolz sitzt der winzige Fuhrmann im Ohr des Pferdes und gibt ihm seine Befehle. Wie alle kleinen Wichte im Märchen ist er schlau, er leitet das Pferd durch sein Wort, das seine Körpergröße und Kraft ersetzt. Er bringt dem Vater den Wagen ins Holz. Für Kinder ist es schön zu hören, daß Daumesdick, der doch viel kleiner ist als sie selber, diese schwierige Aufgabe lösen kann.*

Zwei Männer beobachten den winzigen Fuhrmann. Sie wollen ihn in der Stadt für Geld zeigen und dadurch reich werden. Der Vater soll seinen kleinen Sohn verkaufen. Entschieden lehnt er ab: «Er ist mein Herzblatt und ist mir für alles Gold in der Welt nicht feil.» Diese Antwort zeigt dem winzigen Daumesdick, was er seinem Vater bedeutet. Das Selbstwertgefühl erweckt in ihm Mut und Lust, Abenteuer zu erleben. Er kriecht an der Rockfalte des Vaters hoch und wispert ihm ins Ohr: «Vater, gebt mich nur hin, ich will schon wieder zurückkommen.» Und der Vater glaubt an die Fähigkeiten seines Sohnes, er gibt ihn hin für ein schönes Stück Geld.

An dieser Stelle kann ein Kind, das sich ganz hineinlebt in die Rolle von Daumesdick, ein Gefühl von Freiheit haben: Eltern verkaufen ihr Kind nicht um alles Gold in der Welt, sie lassen es aber auf eigenen Wunsch ziehen, wenn es hinaus will in die weite Welt. Daumesdick wird nicht fortgeschickt wie Hänsel und Gretel. Er will selber auf Wanderschaft gehen. Darum kann dieses Märchen früher erzählt werden als die Geschichte von Hänsel und Gretel oder von anderen Stiefkindern, die zum Weggehen gezwungen werden.

Erzieher könnten einwenden, Daumesdick sei kein erstrebenswertes Vorbild, weil er die beiden Männer betrügen will. Im Märchenland gibt es aber ein Gesetz, das nicht umgangen werden kann: Menschen oder Wesen, die Kinder von ihren Eltern trennen wollen, erreichen ihr Ziel nicht, sie werden bestraft. Wie ein Bumerang fällt ihr Verhalten auf sie selber zu-

rück. Die beiden Fremden wollen Daumesdick nur mitnehmen, um sich egoistisch zu bereichern. Er aber entkommt ihnen, und sie verlieren ihr Geld, das sie seinem Vater gegeben haben. Hätten sie ihm etwas zuleide getan, wäre ihre Strafe härter ausgefallen.

Daumesdick entkommt den beiden Fremden auf kindliche Weise, und gerade das spricht kleinere Zuhörer wieder sehr an. Däumeling, ebenfalls ein fingergroßer Wicht auf Wanderschaft, benimmt sich eher wie ein Handwerksbursche. An seiner Geschichte freuen sich größere Kinder.

Daumesdick wählt sich als Sitz für seine Reise den Hutrand von einem der beiden Männer. Da hat er die schönste Aussicht. Gegen Abend möchte er wieder nach Hause. «Hebt mich einmal herunter, es ist nötig», bittet er. Und den Einwand, er könne ruhig oben bleiben, auch Vögel lassen hie und da etwas auf den Hut fallen, widerlegt er geschickt: «Ich weiß auch, was sich schickt, hebt mich nur geschwind herab.» Wer mit Kindern zu tun hat, weiß, wie sie ihren Willen gegen Erwachsene durchsetzen können, wenn sie «unbedingt einmal schnell *müssen», und zwar wenn Ort und Zeit ihre Betreuer in größte Verlegenheit bringen. Auch Daumesdick erreicht sein Ziel. Man gibt ihm nach. Kaum hat er festen Boden unter den Füßen, entschlüpft er den beiden Fremden und kriecht in ein Mauseloch. Keck ruft er: «Guten Abend, ihr Herren, geht nur ohne mich heim.» Den beiden bleibt nichts anderes übrig, denn Daumesdick ist für sie unerreichbar geworden.*

Er aber fühlt seine Überlegenheit und wird übermütig. Anstatt in einem leeren Schneckenhaus zu übernachten und am Morgen nach Hause zu gehen, läßt er sich mit zwei Dieben ein, täuscht sie und macht sich über sie lustig. Dabei verstrickt er sich in Abenteuer, die recht unangenehm werden: Auch auf ihn fällt sein Verhalten zurück. Er, der sich überlegen fühlt, weil er sich verkriechen und verbergen kann, gerät unfreiwillig in den Magen einer Kuh und ist nun darin gefangen. Zwar wird die Kuh geschlachtet, weil die Menschen sich fürchten vor der Stimme, die aus ihrem Bauch schreit, aber ein Wolf verschluckt den Kuhmagen mit dem kleinen Daumesdick darin, und nun steckt er in einem doppelten Gefängnis. Da tut er, was alle

Kinder tun, wenn sie sich fürchten: er sucht Hilfe bei seinen Eltern. Dem Wolf erzählt er von einer Speisekammer, die gefüllt ist mit Kuchen, Speck und Würsten. Er beschreibt ihm den Weg zu seinem Elternhaus. Er leitet ihn durch sein Wort, wie er das Pferd lenkte.

Der gierige Vielfraß macht sich über die Vorräte her und wird so dick, daß er nicht mehr entfliehen kann. So wird seine Freßgier ihm zum Verderben. Jetzt weckt Daumesdick seine Eltern mit lautem Geschrei. Wie gut ist es doch, daß man Menschen herbeischreien kann, wenn man klein und hilflos ist. Der Vater überwältigt den vollgefressenen Wolf und befreit seinen kleinen Sohn. Der darf essen und trinken und bekommt neue Kleider, denn die alten sind auf der Reise verdorben.

Das Böse kommt näher

Im Märchen vom süßen Brei und in der Geschichte von Daumesdick hat sich nichts wirklich Böses ereignet. Das mutige kleine Mädchen findet Hilfe im Wald, es erlebt die Welt als gut. Ein kleines Kind sollte zuerst das Gute erleben dürfen. Das gibt ihm Kraft und Mut. Daumesdick wird zwar von seinen Eltern getrennt, aber er selber will es so, und die beiden Fremden sind freundliche Leute. Durch seinen Übermut gerät er in Schwierigkeiten: Eine Kuh wird geschlachtet und ein Wolf erschlagen. Aber es geht hier nur darum, den Kleinen aus seiner Gefangenschaft zu befreien. Wenn ein Kind seinen Kopf in einen Topf steckt und daraus befreit werden muß, zerschlägt man ja auch das Gefäß. Wir sollten das Schlachten und Erschlagen nur ohne Bedauern erwähnen, ja nicht ausschmücken oder besonders betonen. So wird das Kind es hier als etwas Selbstverständliches, Nötiges empfinden. Die beiden Diebe sind Gestalten, die nehmen wollen, was ihnen nicht gehört. Daran werden sie gehindert, etwa wie ein Kind, das sich vergreift an Spielsachen seiner Kameraden. Mehr Gewicht haben sie in dieser Geschichte nicht. Und sie werden in dem kleineren Kind kaum Fragen hervorrufen, weil es zum Besitz noch nicht Beziehung hat wie ein Erwachsener.

Ein Märchen, das behutsam umgeht mit Kinderängsten und doch schon hinweist auf die

Möglichkeit des Bösen, ist «Schneeweißchen und Rosenrot». In dem kleinen Haus bei ihrer Mutter erleben die beiden Schwestern Geborgenheit. Darum können sie auch furchtlos in den dunklen Wald hineingehen, wo Neues, Unbekanntes sie erwartet. Auch wenn sie sich verirren und im Wald übernachten müssen, fürchten sie sich nicht. Denn am Abgrund behütet sie ihr Schutzengel, der Helfer aus einer höheren Welt, und so wissen sie, daß sie wieder heimkehren werden zu ihrer Mutter.

Angst erleben die beiden Mädchen einmal im Winter. Es kann schon ungemütlich werden, wenn man Besuch bekommt von einem großen, schwarzen Bären, der sich am Feuer wärmen und in der Küche schlafen will. Aber sie begegnen diesem fremden Tier zu Hause in ihrer Geborgenheit, und die Mutter, die alles überschaut und ordnet, sieht gleich, daß dieser Bär nicht böse ist. Hier läßt das Märchen uns spüren, daß es berechtigte und unberechtigte Ängste gibt. Dem wirklich Bösen begegnen die Kinder allein im Wald, aber es erscheint ihnen in Zwergengestalt und kann ihnen nicht schaden, weil sie ihm in ihrer Unschuld Gutes tun.

Wenn sie dem Zwerg aus Schwierigkeiten helfen, verliert er zweimal ein Stück von seinem Bart. Im Bart aber ist Macht und Kraft. Die Mohammedaner schwören ja «beim Bart des Propheten». Bei der letzten Begegnung mit den Kindern bekommt auch das Röcklein des Zwerges einen Riß, ein Vorzeichen dafür, daß der Bär seiner Erscheinung bald ein Ende bereiten wird. Die Überwindung des Bösen in Zwergengestalt durch zwei hilfreiche Kinder erinnert an das Wort von Christian Morgenstern: «Liebt das Böse gut.» Aber das Böse erscheint nicht immer in Zwergengestalt. Wo es zum reißenden Wolf wird, muß es mutig bekämpft werden.

Der Wolf im Märchen

Mit Zoologie hat er nichts zu tun. Er ist eher verwandt mit dem Fenriswolf, von dem die germanischen Göttersagen berichten. Wenn dieses Ungeheuer seinen Rachen aufsperrt, berührt der Unterkiefer die Erde und der Oberkiefer den Himmel. Der Fenriswolf würde seinen Rachen noch weiter aufreißen, wenn ge-

nug Raum dafür wäre. Wenn die Welt untergeht, wird ein Wolf aus seinem Rudel die Sonne verschlingen, ein anderer den Mond. Durch diese Wölfe kommt Finsternis über die Erde. Sie sind die lebensverneinende, alles verdunkelnde und verschlingende Macht.

Kleine Kinder fühlen sich oft bedroht von dem, was in ihrer Umwelt geschieht und von ihnen nicht verstandesmäßig erfaßt werden kann. Ihr Wortschafz ist viel zu klein, um ihre reichen inneren Erlebnisse auszudrücken. Das kann zu Spannungen führen. Unausgesprochene, nicht durchschaubare Erlebnisse können zu inneren Bildern werden, wie der Erwachsene sie kennt aus Träumen. Manchmal nehmen Kinderängste die Gestalt eines grimmigen Wolfes an. Wenn ein Kind nicht schlafen kann, weil ein großes, böses Tier in seinem Zimmer ist, sollten Erwachsene das ernst nehmen. Natürlich verschwindet jeder Wolf aus dem Kinderzimmer, sobald jemand ein Licht anzündet. Denn der Märchenwolf ist wie sein Vorfahre, der Fenriswolf, ein Geschöpf der Finsternis. Oft ist er Bild für Verlassenheitsgefühle des Kindes, oder er verkörpert die Dunkelheit der Nacht. Er ist also ein Gegensatz zum hellen, freundlichen Tag. Als lebensverneinendes, alles verschlingendes Geschöpf ist er aber auch ein Gegensatz zu den Eltern oder Betreuern, die Leben und Geborgenheit ermöglichen. Wer dem reißenden Wolf begegnet, wird gefressen, nicht liebevoll ernährt. Erinnern wir uns an Daumesdick, der aus dem dunklen Wolf befreit wird. Er darf essen und trinken und bekommt neue Kleider.

Wie der gute Hirt im Gleichnis dem Schaf väterlich beisteht, so hilft der Jäger im Kampf gegen die Wölfe. Auch er kann gesehen werden als Kraft aus einer höheren Welt, denn als Mensch steht er über den wilden Tieren. Seinen Kampf führt er verantwortungsbewußt. Er knallt nicht einfach drauflos wie Kinder es leider bei modernen «Helden» im Film sehen und dann in ihren Spielen nachahmen. Wie ausgleichend kann es doch wirken, wenn wir wörtlich nach der Aufzeichnung der Brüder Grimm erzählen, wie genau und sorgfältig der Jäger in «Rotkäppchen» vorgeht. «Nun wollte er seine Büchse anlegen, da fiel ihm ein, der Wolf könnte die Großmutter gefressen haben, *und sie wäre noch zu retten, schoß nicht, sondern nahm eine Schere und fing an, dem schlafenden Wolf den Bauch aufzuschneiden.» In dieser Schilderung des bedachten Tuns wird die Überlegenheit des Jägers beschrieben, sein Eingreifen von einer höheren Warte her. Auch die alten Götter haben gejagt und gekämpft und sind mächtige Helfer der Menschenkinder gewesen.*

Bei einem Elternabend haben wir erfahren, daß auch ein Vater, der selber nicht Jäger ist, ein Untier überwältigen kann. Jede Nacht trieb ein Wolf im Kinderzimmer sein Unwesen. Da kam einmal der Vater herein, der kroch ohne ein Licht anzuzünden unter das Bett, wo der Wolf sich zu verstecken pflegte. Mit großer Mühe holte er ihn hervor, es gelang erst nach hartem Ringen, und dann warf er ihn zum Fenster hinaus. Fenster und Läden wurden fest verschlossen. Der Mut des Vaters beeindruckte den Wolf. Er kam nicht mehr, und die ganze Familie genoß die ungestörte Nachtruhe.

Wenn wir einem Kind Geschichten erzählen wie «Rotkäppchen» oder «Der Wolf und die sieben Geißlein», erlebt es zuhörend, daß Wölfe überwunden werden können, und mit den Untieren, seinen eigenen, Gestalt gewordenen Ängsten, überwindet es auch allmählich diese Ängste. Ein Angstbild kann nur bildhaft überwunden oder verwandelt werden, nicht durch vernünftiges oder gar intellektuelles Zureden. Wichtig ist, daß wir bewußt und überzeugt auf das gute Ende hin erzählen. Vielleicht ist uns das nicht einfach gegeben. Vielleicht müssen wir uns zuerst durch Arbeit an uns selber dazu erziehen, das Positive in unserem Leben, in unserer Zeit und in der menschlichen Entwicklung zu sehen. Das ist eine schwere Aufgabe. In unserer Umgebung wird überall viel Kritik geübt, und wir übernehmen leicht die negative Einstellung vieler Mitmenschen. Aber nur wenn wir an den guten Ausgang glauben, können wir auch auf das gute Ende hin erzählen. So lernt das Kind im Märchen die Macht des Bösen kennen, und zugleich erfährt es von der Möglichkeit der Erlösung. Das Märchen spricht nicht von einer heilen Welt, sondern von heilenden Kräften in einer noch unheilen Welt.

Erwachsene, die sich fragen, ob es richtig sei, einem Kind schon vom Bösen zu erzählen, finden eine Antwort in Rotkäppchen. Das Kind bekommt einen Auftrag von seiner Mutter, sie fordert also etwas von ihm. Es soll seiner Großmutter Wein und Kuchen bringen. Wie alle Mütter gibt sie ihrem Töchterchen gute Ratschläge und Ermahnungen mit auf den Weg, die eigentlichen Gefahren des Waldes verschweigt sie aber. Und gerade das bringt ihr Kind in Gefahr. Die Brüder Grimm erzählen: «Wie nun Rotkäppchen in den Wald kam, begegnete ihm der Wolf. Rotkäppchen wußte nicht, was das für ein böses Tier war und fürchtete sich nicht vor ihm.» Es kennt das Wort Wolf, es spricht das Tier mit seinem Namen an, und es erzählt ihm ahnungslos, wohin es geht und wo die Großmutter wohnt. So hilft es dem Bösewicht durch sein argloses Plaudern, seine schlimmen Pläne zu verwirklichen. Schon kleine Kinder spüren, daß Rotkäppchen nicht klug handelt. Wenn bei einer Aufführung im Kasperletheater eine Hexe oder ein Zauberer mit schlechten Absichten von den kleinen Zuschauern etwas über die guten Gestalten erfahren will, schreien gleich alle einstimmig: «Nein, dir verraten wir nichts.» Freilich, auch Rotkäppchen wird noch klug. In einem zweiten

Teil des Märchens, der in Vergessenheit geraten ist und nur selten erzählt wird, begegnet das Mädchen wieder einem Wolf. Ohne sich mit ihm zu unterhalten, rennt es zur Großmutter und erzählt ihr, was geschehen ist. Ihr guter Rat hilft ihm, den Wolf zu überlisten und ohne Hilfe des Jägers zu überwinden. Es hat gelernt aus der Erfahrung mit dem ersten Wolf. Wenn Kinder auch den zweiten Teil der Geschichte hören, sehen sie, wie man etwas zuerst falsch und dann besser oder sogar richtig macht. Dieser zweite Teil ist auch ein Beispiel dafür, wie gut es sein kann, Schwierigkeiten mit älteren Menschen zu besprechen und aus ihren Erfahrungen zu lernen.

Die alte Geiß gaukelt ihren sieben Jungen keine heile Welt vor. Einer alleinerziehenden Mutter mit sieben Kindern liegt das fern. Sie muß für alle das nötige Futter auftreiben und verabschiedet sich ganz realistisch mit den Worten: «Liebe Kinder, ich will hinaus in den Wald, seid auf eurer Hut vor dem Wolf. Wenn er hereinkommt, so frißt er euch alle mit Haut und Haar. Der Bösewicht verstellt sich oft. Aber an seiner rauhen Stimme und an seinen schwarzen Pfoten werdet ihr ihn erkennen.» In diesem Märchen ist es die Mutter, die fortgeht, und die Kinder sind allein zu Hause. Sie sind nicht ungehorsam wie Rotkäppchen, das verbotene Umwege macht, und doch geschieht, was die Mutter befürchtet hat: der gierige Wolf verschluckt sechs Geißlein. Schwierigkeiten im Leben sind nicht immer nur Folge von eigenem falschen Verhalten. Nicht alles, was uns zustößt, ist Strafe. Schuld am Unglück der Geißlein sind drei Menschen: Der Krämer verkauft dem Wolf Kreide als Heilmittel gegen seine rauhe Stimme. Für ihn gibt es nichts anderes als Verkaufen; er ist eine «Krämerseele» und denkt sich nichts dabei. Der Bäcker wikkelt Teig um die scheinbar verletzte Pfote; er schaut nicht einmal nach, ob da wirklich eine Wunde sei. Der Müller ahnt, daß der Wolf mit der weißen Pfote andere täuschen will und streut doch das verlangte Mehl darauf, weil der Wolf ihn selber bedroht. Er handelt aus Angst. «So sind die Menschen», heißt es im Märchen. Das Böse geschieht nicht bloß, weil wir es tun, sondern auch, weil wir nichts dagegen unternehmen.

Und doch werden die verschluckten Geißlein aus dem dunklen Wolfsbauch befreit. Wie im zweiten Teil des Rotkäppchens geht es ohne Hilfe des Jägers. Die Mutter und das Jüngste, das sich verstecken konnte, vollbringen die Tat gemeinsam. Für ein Kind ist es ermutigend zu hören, daß gerade das Kleinste der Mutter helfen kann bei der Befreiung der größeren Geschwister. Auch manche junge Frau, die nicht mehr vom Jäger befreit werden möchte, freut sich bestimmt über die selbständige Geißenmutter. Wer Märchen genau liest, merkt bald, daß die Frau gar nicht eine untergeordnete Rolle hat wie in Zeitschriften oft behauptet wird. Im Gegenteil: Männliches und Weibliches ergänzt sich und trägt zur Förderung und weiteren Entwicklung bei.

Das Jüngste, Kleinste, das noch am meisten Kind und darum das Werdende ist, erscheint in vielen Märchen als Träger der Hoffnung und Zukunft, es hilft überleben. Die Geiß und Rotkäppchens Großmutter, beide schon alt, greifen dagegen zurück auf Weisheiten vergangener Zeiten. Ihre Lebenserfahrung ergänzt und schützt das Kommende, Werdende der Kind-

heitskräfte im Jüngsten, Kleinsten. Von der griechischen Göttermutter Rhea haben die Großmutter und die alte Geiß gelernt, daß man einem schlafenden Nimmersatt den Bauch mit Steinen füllen muß. So hinderte nämlich Rhea ihren Mann Chronos daran, alle seine Kinder zu verschlingen, um sich auf diese Weise künftige Nachfolger vom Hals zu schaffen. Ihren Jüngsten, Zeus, konnte sie verstecken und den gierigen Gott mit Steinen täuschen.

Kinderphilosophie

Wie Philosophen setzen sich Kinder auseinander mit Problemen, z. B. mit den Gegensätzen von Gut und Böse. Nur tun sie es nicht in gelehrten Gesprächen oder komplizierten Denkabläufen. Kinder erspielen sich ihre Weisheit. Ich beobachtete einen Jungen beim Spiel mit kleinen Autos. Er besaß böse Autos, die Unfälle verursachten, und liebe, die den Verunglückten halfen und alles wieder in Ordnung brachten. Wenn wir spazieren gingen und dabei den Verkehr beobachteten, benahmen sich in seiner Vorstellung nicht die Fahrer zuvor-

kommend oder rücksichtslos, sondern die Fahrzeuge selbst waren gut oder böse. Auch die Technik wird von der kindlichen Phantasie belebt, und Maschinen können wie Wesen empfunden werden. Manchmal verursacht ein Staubsauger große Angst. Er erscheint wie ein alles verschlingendes Ungeheuer. Ein Kind machte sich Sorgen, weil gerade im Frühling, wenn doch die Zwerge wieder aus der Erde hervorkommen, die Frauen so viel putzen. Die winzigen Männlein könnten ja in den Staubsauger hineingeraten. Zum Glück sind Zwerge immer auf der Hut, davon erzählen Märchen und Sagen. Sie sind so aufmerksam wie Kinder sein sollten beim Überqueren der Straße; darum geschieht ihnen nichts. Mit solchen Überlegungen ließ sich das Kind beruhigen.

Für unsere kleinen Philosophen kann etwas nur gut oder nur böse sein, dazwischen gibt es nichts. Wer älter wird, weiß ja, daß wir alle mit unseren guten und schlechten Eigenschaften ein Gemisch sind, ein Gemisch von Hellem und Dunklem, etwa wie Marmorkuchen. Nun kann es aber geschehen, daß ein Kind sich nicht so verhält, wie es das selber möchte oder wie Erwachsene es von ihm erwarten. Oft ist es auch enttäuscht über Erwachsene, die etwas fordern von ihm, anstatt ihm Schwierigkeiten abzunehmen und Hindernisse aus dem Weg zu räumen. Weil sich aber nach Kleinkinderphilosophie jemand nur gut oder nur böse verhalten kann und das Gute nicht sein darf bei einem, der ein Kind enttäuscht hat, überträgt das Kind gewisse Eigenschaften auf Gestalten, die zwar für andere unsichtbar sind, aber ihr Eigenleben haben und zu seiner Wirklichkeit gehören. So geht es vor bei Erwachsenen, aber auch bei sich selbst. An einem Elternkurs nahm eine Großmutter teil, die ihrer berufstätigen Tochter bei der Erziehung des kleinen Sohnes half. Wenn der Enkel zu ihr kam, war er in Begleitung eines für sie unsichtbaren Freundes, der hieß «Lausbub». Der stellte hie und da unartige Dinge an. Was konnte er schon anderes tun? Er hieß ja «Lausbub». Der Enkel selber war aber immer «sehr brav». Mit der Großmutter zusammen suchten wir in unserer Gesprächsgruppe nach Wegen, wie sie den unsichtbaren Begleiter ihres Enkels durch Geschichten oder Zureden günstig beeinflussen konnte. Manchmal war auch eine Strafe nötig. Am meisten beein-

druckte den «Lausbub», daß er einen ganzen Tag lang Hausverbot bekam und niemand über ihn sprechen oder von ihm hören wollte. Er wurde aus der Gemeinschaft von Enkel und Großmutter ausgeschlossen. Nach und nach besserte sich der «Lausbub» und verschwand dann, zusammen mit den altersbedingten Unarten, die der Enkel inzwischen selber abgelegt hatte. Der unsichtbare Träger dieser Eigenschaften war nicht mehr nötig.

Schwierig sein kann es für eine Mutter, die noch nicht eingeweiht ist in die Geheimnisse der kindlichen Phantasie, wenn sie unerwartet für kurze Zeit zur «bösen Frau» wird. Das kann geschehen, wenn sie verbietet oder fordert, und das ist ja oft nötig. Es kann dann vorkommen, daß das Kind sie als eine andere, fremde Mutter empfindet, als eine böse Frau. Eine Mutter erzählte betroffen, ihr enttäuschtes, erzürntes Töchterlein habe gesagt: «Ich will, daß du jetzt gleich stirbst! Nein, das will ich nicht, im Himmel ist es schön. Ich will, daß du umfällst und dich stößt und dir wehtust.» Elementarisch heftig wie ein Unwetter kann so ein Gefühlsausbruch sein. Aber ein paar Minuten *später ist die Mutter wieder die «liebe», ja die «liebste Frau». Und das Kind kuschelt sich an sie.*

Dem wechselnden Rollenspiel zwischen der «bösen» und der «lieben» Frau kommt das Märchen entgegen mit seinen guten Müttern und seinen Stiefmüttern. Die wirkliche Mutter kann vom Kind als Stiefmutter, die Stiefmutter als wirkliche Mutter empfunden werden. Das Kind denkt dabei nicht darüber nach, wer es geboren hat. Es geht bei solchen Empfindungen nur um die «liebe» und die «böse» Frau, die in seiner Vorstellung noch nicht eine einheitliche Person mit bösen und guten Eigenschaften oder angenehmem und unangenehmem Verhalten ist.

Eine Frau, die ihr Kind zum ersten Mal in den Kindergarten brachte, bat, man möge doch auf Märchen von Stiefmüttern verzichten, weil sie selber eine wirkliche Stiefmutter sei. Das Kind wisse aber nichts davon. Die Kindergärtnerin berücksichtigte den Wunsch, doch einmal dachte sie nicht mehr daran und erzählte ein Märchen, in dem von einer Stiefmutter die Rede war. Ein Junge, der im gleichen Haus wohnte wie das Stieftöchterchen, unterbrach die Erzählung. Er hatte von Erwachsenen so allerlei gehört und wies nun darauf hin, daß dieses Mädchen ein Stiefkind sei wie die Kinder im Märchen, es habe eine richtige Stiefmutter. «Du spinnst ja, ich habe nicht so eine», verteidigte das Kind seine Mutter und sich selber. Als die Kindergärtnerin der Frau erzählte, was geschehen war, konnte sie dadurch eine große Last von ihr nehmen.

Wenn Kinder, meistens angeregt durch ungeschickte Bemerkungen von Erwachsenen, Fragen stellen nach Stiefmüttern im wirklichen Alltag, nicht in Märchen, könnten wir ihnen so antworten: Das Märchen kann nur von bösen Stiefmüttern erzählen, weil die guten so sind wie alle anderen Mütter auch. Darum geschieht bei den lieben Stiefmüttern nichts Besonderes, das zu einer spannenden Geschichte wird. Manchmal habe ich ganz realistische Geschichten erzählt von lieben Stiefmüttern, die eine große Hilfe sind für Väter und mutterlose Kinder, und die so werden wie die ersten Mütter waren.

In den wissenschaftlichen Anmerkungen der Brüder Grimm über frühere Fassungen der von ihnen gesammelten Märchen kann man lesen, daß viele Stiefmütter noch als eigene, leibliche Mütter geschildert wurden. Schneewittchens Not kommt in alten Fassungen von der leiblichen Mutter, die nicht will, daß ihre schöne, heranwachsende Tochter sie überflügelt. Die alternde Königin will ihren Platz im Leben behalten und wehrt sich gegen ihre Nachfolgerin. Viele Märchenmütter sind erst durch Überarbeitung der Märchen oder durch andere Auffassungen der Erzähler zu Stiefmüttern geworden. Es ist ihnen ergangen wie den alten Erdmüttern und Naturgöttinnen, die in der Vorstellung der Menschen abscheuliche Hexen geworden sind, Trägerinnen der schlechten Eigenschaften. Ihr gutes Gegenbild finden wir in hilfreichen Feen.

Als erstes Märchen von einer Stiefmutter eignet sich «Aschenputtel». Da ist die liebende, schenkende Mutter im Himmel und die böse, plagende, ständig fordernde auf der Erde. Die «gute» und die «böse» Frau sind deutlich getrennt in zwei Personen. Aschenputtel muß sich bemühen und auf der Erde leisten, was ihm selber möglich ist. Wenn die Aufgaben aber zu schwer werden, greift die Mutter im Himmel helfend ein. Wieder kommt Hilfe aus einer höheren Welt, wie wir es schon bei anderen Geschichten gesehen haben.

Schwieriger ist die «böse» Frau zu erfassen in «Hänsel und Gretel», weil sie in zwei Gestalten erscheint und keine gute Mutter ihr das Gegengewicht hält. Einige Märchendeuter sehen in Hexe und Mutter eine Person in zwei Gestalten. Im Lebkuchenhaus haben die Kinder gelernt, sich gegen die Macht der Hexe zu behaupten. Die «böse» Frau wird überlistet und überwunden. Zu Hause werden die Kinder vom einsamen Vater freudig empfangen. Die Mutter, die zwar nicht Stiefmutter genannt wird, aber deutliche Züge einer Märchenstiefmutter hat, ist gestorben. Sie hat von den Kindern nicht bloß gefordert, sie hat sie überfordert. Sie hat ihnen zugemutet, im wilden Wald zu überleben oder umzukommen. Die Kinder sind gewachsen an der Überforderung, sie überwinden die Hexe und mit ihr auch die «böse» Frau in der Mutter. Beide sind nicht mehr da, wie wir es schon beim «Lausbub» gesehen haben, weil es die Schwierigkeit, die sie verkörpert haben, nicht *mehr gibt. Negative, dunkle Gestalten sterben darum oft im Märchen.*

Ich erlebte mit, wie ein Daumenlutscher sich fürchtete, als seine Mama nicht zu Hause war. Wie im «Struwwelpeter» könnte ja jetzt der Schneider mit der Schere kommen und ihm seine Daumen wegnehmen. Im «Struwwelpeter» wird nicht auf das gute Ende hin erzählt. Als wir ihm sagten, der Schneider mit der Schere könne nicht hereinkommen, das Haus sei ja gut verschlossen, kam er wieder in Märchenstimmung und meinte: «Dann geht der Schneider mit der Schere hinaus in den Wald. Dort sieht er den Wolf. Er schneidet ihm die Ohren ab, das Maul ab, den Schwanz ab, die Beine ab. Der Wolf kann nichts mehr machen.» In seiner Geschichte ließ der Daumenlutscher Böses auf noch Böseres losgehen und schützte so sich selber.

Oft ist es ähnlich mit Strafen am Ende eines Märchens. Das Böse richtet und vernichtet sich selber. Diese Strafen sind nicht eine Rache der Unterdrückten. Von Strafe wird erzählt wie von einem Geschehen, das sich folgerichtig ereignen muß ohne den Willen der handelnden

Menschen. Die feurigen Schuhe für Schneewittchens Stiefmutter stehen einfach bereit. Wer mag sie hingestellt haben? Eine Schicksalsmacht vielleicht? Etwa ein richtender Engel? Wir erfahren es nicht. Manchmal wird den «Bösen» wie in einer Geschichte erzählt, was sie selber getan haben und man fragt sie, was für eine Strafe der Übeltäter verdiene. Erfüllt von Menschenhaß und verblendet gegen sich selber und ihr eigenes Tun, sprechen sie ein hartes Urteil aus, das wird dann ihre Strafe. Hätten sie milder oder gar verzeihend geurteilt, wäre ihre Strafe anders ausgefallen. Ihr Verhalten fällt auf sie zurück.

In einer Klasse erzählte ein Lehrer das Märchen «Die drei Männlein im Walde», eine Geschichte, die sich eher für größere Kinder eignet. Die Stiefmutter erfährt vom König wie eine Geschichte ihre eigenen Missetaten und verurteilt sich selber und ihre leibliche Tochter dazu, in einem mit Nägeln ausgeschlagenen Faß von Pferden fortgeschleift zu werden. Für Erwachsene ist dieses Urteil entsetzlich, man darf sich diese Grausamkeit nicht ausmalen. Eines der Schulkinder meinte aber: «Die Strafe ist nicht schlimm. Der Stieftochter springt ja bei jedem Wort, das sie sagt, eine Kröte aus dem Mund. Wenn sie immer ganz schnell vor sich hinspricht: Au, das tut weh, au, das tut weh! wird gleich das ganze Faß mit Kröten ausgepolstert. Und es wird so voll, daß der Deckel aufspringt. Dann können beide aus dem Faß steigen und sind frei.»

Für ein Kind ist nichts endgültig. Strafe muß wohl sein, aber wenn man sie durchgestanden hat, ist alles wieder in Ordnung. Auch das Sterben ist nichts Endgültiges. Ein Kind unterbrach mich einmal beim Erzählen mit der Bitte: «Stirb doch schnell, damit ich sehe, wie man das macht.» Für ein anderes Kind gab es einen Unterschied zwischen Sterben und Totsein. Als im Kindergarten «Schneewittchen» aufgeführt wurde, meinte es: «Schneewittchen will ich spielen, aber die böse Königin nicht. Sterben will ich schon, nur nicht tot sein.» Das ist Kinderphilosophie.

Der Weg

«Ich will sterben, aber nicht tot sein», – was heißt das? Wenn das Sterben dem Leben hier auf der Erde ein Ende setzt und doch nicht zum «tot sein» führt, ist es kein endgültiger Zustand, sondern ein Durchgang oder Übergang in ein anderes Sein, eine Geburt zu anderem, neuen Leben. So empfand ein Kind, das erfuhr, sein Großvater sei plötzlich gestorben, kurz vor einem runden Geburtstag, den die ganze Familie feiern wollte. Es fragte die trauernden Erwachsenen: «Warum weint Ihr jetzt? Der Großvater hat doch im Himmel einen neuen Geburtstag.» Dieses Kind war auf seinem Lebensweg erst ein kleines Stück gewandert. Die Rückkehr schien ihm so einfach, wie man wieder zurückkehrt zur Mutter, von der man sich spielend ein wenig entfernt hat, oder wie man es kennt aus den ersten, einfachen Märchen: von einer kurzen Wanderung im unbekannten Wald findet man wieder nach Hause.

Wir alle gehen weiter auf unserem Lebensweg: jeder einzelne Mensch und die Menschheit als Ganzes, und wir verstricken uns immer mehr im Irdischen. Je weiter wir gehen, desto schwieriger kann der Rückweg werden.

Auch dieses Kind ging weiter und verlor die Vorstellung vom Sterben als einem neuen Geburtstag. Ich hörte es noch dreimal vom Tod sprechen. Einmal handelte es sich um einen Unfall: Ein kleiner Junge hatte sich beim Baden verbrannt und war gestorben. Das Kind erzählte mit tiefem, feierlichem Stimmchen: «Er wurde vergrabet, in der dunklen Erde vergrabet. Ganz dunkel war es. Aber er wuchs und wuchs und kam heraus und war ein großer Mann. Er ging zu seiner Mama und sagte: Ich kann jetzt allein baden. Ich spiele nicht mehr mit dem heißen Wasser und verbrenne mich nicht mehr.» Noch wurde der Tod nicht als etwas Endgültiges empfunden. Das Herauswachsen aus der Erde erinnert eher an Pflanzen. Aber die Dunkelheit in der Erde, wo man «vergrabet» wird, läßt doch schon etwas ahnen von einer keimenden Todesfurcht. Unheimlich dunkel ist es in der Erde wie in einem Wolfsbauch, da muß man sich befreien, muß hinaus ans Licht. Die Rückkehr als «großer Mann» mit einer vor dem Tod gewonnenen Erfahrung, die vor der Wiederholung des Unfalls schützt, ist erstrebenswert. Groß werden, sich der Erde und den Lebensaufgaben zuwenden und nicht gleich im Himmel neu geboren werden, das ist ja die Bestimmung des heranwachsenden Menschen.

Als das Kind sieben Jahre alt war, verlor es bei einer Krankheit für kurze Zeit das Bewußtsein und fragte dann: «Was ist, wenn ich sterbe und nicht mehr weiß, wer ich bin?» Noch verstand es die Antwort, daß sein Schutzengel immer wisse, wer es sei und es ihm sagen werde, und daß es aufgeschrieben sei in Gottes großem Himmelsbuch, wo die Namen aller Menschen zu lesen sind. In der Bibel finden wir viele Antworten, auch auf Lebensfragen kleinerer Kinder, denen die Bildsprache noch vertraut ist.

Als dann auch der zweite Großvater starb, war aus dem Kind ein elfjähriger Schlingel geworden. Der stellte bedauernd fest: «Er sah fröhlich aus im Sarg, lachte, wie wenn man ihm einen Witz erzählte, aber jetzt wird er eben von den Würmern aufgefressen. So geht es uns allen einmal.»

Ein weiter Weg wurde da zurückgelegt vom neuen Geburtstag im Himmel bis zu den fressenden Würmern. So weit weg vom Ursprung war er gewandert in der kurzen Zeit von nur elf Jahren. Eine bildhafte Antwort aus der Bibel kam bei dem Jungen jetzt nicht mehr an, und eine mehr theologische Überlegung konnte er noch nicht entgegennehmen. Der durch Schule und andere Einflüsse zu früh und zu einseitig geweckte Intellekt stand Bildern und Gleichnissen im Weg, die Persönlichkeit war aber noch nicht gereift und konnte nicht selbständig denkend zu tieferen geistigen Erkenntnissen kommen. Eine weiterführende Antwort war also nicht möglich. Was wir an diesem Jungen sehen, ist eine Schwierigkeit im Umgang mit vielen Jugendlichen. Sie werden zu schnell aus ihren noch kindlichen Vorstellungen gerissen, hinein in Gedankengänge, die sie noch nicht verarbeiten können. Auf die ihrem Alter gemäße Entwicklung nehmen die meisten Lehrpläne zu wenig Rücksicht. Wie aber sollten wir noch spüren, was werdende Menschen nötig haben? Sind wir nicht selber überfordert durch vieles, das auf uns eindringt und nicht mehr verarbeitet werden kann?

Jeder einzelne wiederholt, was die Menschheit als Ganzes erlebt hat und noch erleben wird. Als die Menschen sich noch mehr mit dem Himmel verbunden fühlten, erlebten sie das Sterben freudig als neue Geburt, aber mit dem Hineinwachsen ins Irdische und dem Erfüllen der Pflichten hier auf Erden nahm auch die Todesfurcht zu. Wer durch das Studium der Geschichte etwas über die Entwicklung der Menschheit erfahren will, findet Beispiele, die das eben Gesagte belegen. Der Weg zurück zum Ursprung ist derselbe für den einzelnen wie für die ganze Menschheit. Er wurde ermöglicht und gewiesen durch die Erlösungstat Christi, der sich bezeichnet als «den Weg, die Wahrheit und das Leben».

In Bildern erzählen Märchen und Gleichnisse, wie die ganze Menschheit durch den Lebensweg jedes einzelnen sich zu sehr im Irdischen verwurzelt hat und wieder dahin geführt werden soll, wo sie eigentlich hingehört. Wenn ich Gleichnisse und Märchen so oft in einem Atemzug nenne, heißt das nicht, daß ich die Erzählungen der Bibel für bloße Produkte der Phantasie halte und sie nicht ernstnehme. Ganz im

Gegenteil – aber ich sehe auch in den Märchen viel mehr als willkürliche Phantasie, diese Geschichten enthalten Weisheiten und Wahrheit. Ihre Botschaft nährt im Menschen, besonders im Kind, seelische Kräfte und bereitet einfach und bildhaft auf das spätere Lesen und Verstehen der Bibel vor.

Im Gleichnis vom verlorenen Sohn lernen wir einen jungen Menschen kennen, der sein Vaterhaus verläßt und vergißt. Er erlebt und genießt vieles, und dann kommt er in Not. Er denkt an zu Hause, er bereut und macht sich auf den Weg. Der Heimweg ist lang und beschwerlich. Er erreicht sein Ziel und wird vom Vater freudig aufgenommen. Er wird nicht gesucht und heimgetragen wie das verlorene Schaf. Schritt für Schritt muß er den Heimweg selber gehen – ein feiner Unterschied, den wir beachten sollten. Aber gerade auf diesem beschwerlichen Weg, den er Schritt für Schritt zurückgelegt hat, ist er ein anderer geworden, ein reifer Mensch, der in Gemeinschaft mit dem Vater feiern kann. Sein Bruder, der zu Hause geblieben ist, der also keinen beschwerlichen Weg zurückgelegt hat, kann nur arbei-

ten und übelnehmen. Er ist dem Vater nicht so nahe gekommen, daß er in Gemeinschaft mit ihm feiern kann.

Viele Märchen beginnen damit, daß ein junger Mensch – oft ein Königssohn oder eine Königsstochter – Abschied nimmt vom Elternhaus. Jeder Mensch nimmt einmal Abschied vom Elternhaus, von seiner Kindheit und damit häufig vom Wissen um seinen Ursprung. Dafür ist der Abschied im Märchen Bild oder Gleichnis. Unterwegs erlebt der wandernde Mensch Abenteuer oder kommt in Schwierigkeiten. Manchmal ist er dem Untergang nahe. Drachen, Riesen und andere Ungeheuer bedrohen ihn. Er kann aber einen Ausweg finden, wenn er sich seinen Kräften und Möglichkeiten entsprechend in schweren Lebenslagen richtig verhält und die Hilfe treuer Mitmenschen dankbar annimmt. Er überlebt durch tragende Freundschaft und Gemeinschaft, aber vor allem durch das Eingreifen guter Mächte aus höheren Welten: Feen, Zwerge, auch Engel. Er kehrt heim in sein Elternhaus oder wird Herrscher im eigenen Königreich, was auch bedeutet, daß er zum königlichen Ursprung zurückfindet. Durch alles, was er erlebt hat, ist er ein anderer geworden. Er bringt neue Fähigkeiten mit, im Märchen vielleicht wunderbare Zaubergegenstände, die er in der Fremde erworben hat. Weil er um alles gelitten und gerungen hat, ist er sich seines königlichen Ursprungs so sehr bewußt geworden, daß er ihn nicht mehr vergessen kann und seine Königswürde nicht verlieren wird.

Ein Kind, dem wir Märchen erzählen, kann in Bildern wie träumend manches aufnehmen über den Lebensweg des einzelnen und über die Entwicklung der Menschheit. Nur dürfen wir sein ahnendes Träumen nicht durch intellektuelle Erklärungen stören. Das Kind erfühlt, was es noch nicht verstehen kann. Ich erinnere mich noch deutlich daran, wie ich als Kind nachdachte, was «Erlösung von Sünden» bedeuten könnte. Die Erwachsenen in meiner Umgebung sprachen viel davon, und für mich waren das zwar große, ernste, aber doch leere Worte. Ich war auf meinem Lebensweg noch nicht weit genug ins Irdische gegangen. Eines Tages kam mir die Antwort: Sünde ist «Verzaubert sein». Man ist nicht mehr so, wie man sein *sollte, und muß erlöst werden wie verzauberte Menschen im Märchen. Wenn wir das Kinderlied sangen «Gott ist die Liebe», gefielen mir von da an besonders die Worte: «Ich lag in Banden der schnöden Sünde». Das früher rätselhafte Lied erzählte nun für mich vom Froschkönig und vom eisernen Heinrich. Die Erlösung von den Sündenbanden geschah für mich mit großem Knall, denn wie beim eisernen Heinrich sprang in meiner Vorstellung durch die Erlösung bei allen Menschen ein eisernes Band entzwei, das sich als Sündenband um ihre Herzen gelegt hatte. Erst nach und nach verwandelten sich diese inneren Bilder. Wie man aus einem Traum langsam erwacht, wachte ich auf aus den Märchenbildern ins Denken hinein und lernte die Sprache der Erwachsenen besser verstehen. Wer seinen Kindern nahekommen will, tut gut daran, in seinem Erinnerungsschatz nach eigenen Erlebnissen aus der Kindheit zu suchen.*

Wenn ein Kind durch einfache Märchen, wie wir sie in diesem Büchlein besprochen haben, das Vertrauen gewonnen hat, daß wir immer wieder den Heimweg und die Lösung von

Schwierigkeiten finden, wird es uns mutig und freudig folgen auf weiteren abenteuerlichen Wanderungen in die Märchenwelt. In der weiteren Wahl der Geschichten lassen wir uns am besten durch Fragen des Kindes leiten. Gespräche mit ihm sind hilfreicher als Rezepte und Empfehlungen von Außenstehenden. Die ersten gemeinsamen Erfahrungen im Märchenland haben wir ja schon gemacht, und nun können wir uns auch zusammen frei weiter hineinbewegen, ohne von Ratschlägen anderer abhängig zu sein. Das Märchen selber verbindet Kinder und Erwachsene wie eine Brücke und schenkt Möglichkeiten, einander mitzuteilen, was sich sonst kaum so tief und doch so unbeschwert sagen läßt.

Geschichten gemeinsam erleben

Diese verbindenden Gespräche können Geschichten uns nur schenken, wenn wir lange genug bei einer Erzählung verweilen und sie zum gemeinsamen Erlebnis werden lassen. Gespräche mit kleineren Kindern sind nicht einfach Rede und Gegenrede, sie können besser spielend und gestaltend geführt werden. So ist es einem Kind möglich, uns teilhaben zu lassen an dem, was in ihm vorgeht. Der Erwachsene nimmt bei solchem Tun nicht bloß Kinderfragen wahr, er kann auch Antworten bekommen auf eigene Fragen und mit neuen Einsichten und Erkenntnissen beschenkt werden. Solche Gespräche im Spiel und im Gestalten sind echtes Nehmen und Geben.

Ein Beispiel soll zeigen, was sich zwischen Erzähler und Kind ereignen kann. Ich hatte die Aufgabe, mit meiner kleinen Nichte zu spielen und dafür zu sorgen, daß sie nicht ins Weihnachtszimmer ging, wo eben alles für die Feier vorbereitet wurde. Ich erzählte die Weihnachtsgeschichte und formte dazu Krippenfiguren. Jeden Wunsch erfüllte ich, auch wenn er ein wenig abwich von der biblischen Überlieferung. Langsam näherte sich eine Schildkröte dem Kind, schnell hüpfte ein Frosch herbei, der sie überholte und zuerst bei der Krippe war. Tiere wurden gewünscht, die dem Stadtkind vertrauter waren als Ochs und Esel. Als die Kleine aber eine Hexe verlangte, und zwar eine ganz besonders böse, ging mir das doch zu weit. Eine Hexe als Krippenfigur konnte ich mir nicht vorstellen. Also versuchte ich, meiner Nichte den ausgefallenen Wunsch auszureden. «Die Eltern passen doch auf und die Hirten», wandte ich ein, bekam aber zur Antwort: «Die passen nicht auf, die beten.» Ich gab mich nicht geschlagen, ich erklärte, daß doch die Engel da seien, die das Kind behüten könnten. Die Antwort war: «Die behüten das Kind nicht, die singen.» Endlich blieb mir nichts anderes übrig, als eine Hexe zu formen, eine besonders böse. Sie mußte sogar Krallen haben. Das Böse ließ sich nicht fernhalten von der Krippe. Die Kleine wollte erfahren, was nun geschehen würde, und ich war ebenso gespannt wie sie. Jetzt führte die Geschichte uns beide, den Ausgang konnte ich nicht mehr bestimmen. Kamen wir weg von der biblischen Botschaft, weg von Weihnachten? Die Hexe schlich, von Kinderhand geleitet, wie ein tückisches Raubtier hin zur Krippe, Niemand bemerkte etwas davon, die Engel sangen ja und die Menschen beteten. In die fromme Weihnachtsstimmung und Geborgenheit konnte das Böse sich einschleichen. Für meine Nichte war damals die Gestalt der Hexe der Inbegriff des Bösen, alle Ängste des

Kindes wurden in ihr Bild. Jetzt griffen die Krallen nach dem Jesuskind, sie berührten es. «Schau», jubelte die Kleine und formte an den Hexenhänden, die Krallen verschwanden. «Schau, sie hat keine Krallen mehr, sie hat Großmutterhände. Das Jesuskind hat sie liebgezaubert.»

Das war nun wirklich Weihnachten! Die «ganz besonders böse» Hexe wurde «liebgezaubert» von dem Kind, das niemand behüten muß, das weder die Hilfe der Menschen noch der Engel nötig hat, weil es selber uns alle trägt und erlöst. Ich staunte über die Weisheit eines Kindes, die bildhaft ausgesprochen wurde. Viele Weihnachtspredigten habe ich wieder vergessen, aber an die Geschichte vom Jesuskind und der Hexe werde ich mich immer erinnern. Wie reich können wir doch beschenkt werden, wenn wir mit Kindern spielen und ihnen erzählen und dabei ernstnehmen, was sie im Spiel tun und uns erzählend antworten.

Veröffentlichungen von Ursula Burkhard

Karlik – Begegnungen mit einem Elementarwesen, Werkgemeinschaft Kunst und Heilpädagogik Weißenseifen, D-5541 Weißenseifen-Michaelshag 1986, 4. Aufl. 17. – 26. Ts. 1988

Fizzlifax – Till erlöst einen Lachzwerg, Werkgemeinschaft Kunst und Heilpädagogik Weißenseifen, D-5541 Weißenseifen-Michaelshag 1986

Steinäckerchen – Ein Elfenkind verwandelt das Steinäckerchen in ein Paradiesgärtlein, Werkgemeinschaft Kunst und Heilpädagogik Weißenseifen, D-5541 Weißenseifen-Michaelshag, 1987

Das Große Auge – Ein Junge macht sich «auf den Weg», verzichtet auf die Macht eines Ringes und kommt aus eigener Kraft zu seinem Ziel. Werkgemeinschaft Kunst und Heilpädagogik Weißenseifen, D-5541 Weißenseifen-Michaelshag, 1987

Schnips – Ein Zwerglein macht Dummheiten, Werkgemeinschaft Kunst und Heilpädagogik Weißenseifen, D-5541 Weißenseifen-Michaelshag, 1987

Gedichte

Licht im Dunkel, Verlag A. Schudel und Co, Riehen-Basel 1959 (Vergriffen)
Ins Licht hinein, Verlag Th. Schudel Riehen 1967, Auslieferung Scobag AG, Basel
Und auf Erden wird es Tagen, Verlag die Pforte, Basel-Binningen 1975
Leuchten lernen, Verlag Scobag AG, 4010 Basel 1980
Kein Schatten ohne Licht, Verlag Scobag AG, 4010 Basel 1981

Blindenpädagogik

Die Blinden werden sehen, Paul Hauptverlag, Bern 1969
Farbvorstellungen blinder Menschen, Birkhäuserverlag Basel 1981

Märchen

Gute Träume für die Erde, Birkhäuserverlag Basel 1985

Veröffentlichungen der Werkgemeinschaft
Kunst und Heilpädagogik Weißenseifen,
D-5541 Weißenseifen-Michaelshag

Burkhard, Ursula
«Karlik» Begegnungen mit einem
Elementarwesen

Burkhard, Ursula
«Fizzlifax» Till erlöst einen Lachzwerg

Burkhard, Ursula
«Steinäckerchen»

Burkhard, Ursula
«Das Große Auge»

Burkhard, Ursula
«Schnips» Ein Zwerglein macht Dummheiten

Dersen, Guna
«Mariposa und der Staub der Ewigkeit»,
mit farb. Illustrationen von Jula Scholzen-Gnad

Dubach, Ruth
«Und Du?», Gedichte

Schlösser, Christel
«Aus der Arbeit mit einem autistischen Kind»

Schumacher, Claudia
«Ein Schulheim für autistische Kinder entsteht»,
mit Entwicklungs- und Lehrplan von Christel
Schlösser und Rudolf Schüffler

Scholzen, Antoni und Scholzen-Gnad, Jula
«Das Möhrchen» mit farb. Illustrationen

Scholzen-Gnad, Jula
«Kikeriki» Unser kleiner Bauernhof,
mit farb. Illustrationen
Scholzen-Gnad, Jula
«Fabeln aus aller Welt» 12 Doppelkarten,
mit farb. Illustrationen
Scholzen-Gnad, Jula und Scholzen, Antoni
«Sommerfest im Walde», mit farb. Illustrationen
Scholzen-Gnad, Jula
«Juppy und der Clown», mit Illustrationen
Streit, Jakob
«Das Zwerglein vom Thunersee»,
mit Illustrationen von Jula Scholzen-Gnad
Streit Jakob
«Das eingeklemmte Sämchen»,
mit farb. Illustrationen von Jula Scholzen-Gnad
Streit, Jakob
«Tiergespräche»
mit farb. Illustrationen von Jula Scholzen-Gnad
Streit, Jakob
«Schwälbchen Gabelschwanz»,
mit farb. Illustrationen von Jula Scholzen-Gnad
Voss, Hans
«Ilja von Murom» Versepos mit Illustrationen
von Günther Mancke